DISCOURS

Du Citoyen Henri CERNUSCHI

LA LÉGION D'HONNEUR

(D'APRÈS LA STÉNOGRAPHIE)

SE VEND AU PROFIT DES BLESSÉS : 25 CENTIMES

PARIS

AUX BUREAUX DE LA REVUE DES COURS LITTÉRAIRES

(LIBRAIRIE GERMER BAILLIÈRE)

RUE DE L'ÉCOLE-DE-MÉDECINE, 17

1870

LA

LÉGION D'HONNEUR

S'il était possible de parler avant d'ouvrir la bouche, je profiterais de cette possibilité pour vous prévenir que, n'étant pas né en France, j'ai une très-mauvaise prononciation, que ma diction est très-incorrecte et ma phrase très-embarrassée. Mais vous voyez qu'avant même de vous faire des excuses, je suis forcé de vous révéler mes défauts; je vous prie donc de vouloir bien redoubler pour moi d'indulgence. (*Applaudissements.*)

Je ne suis pas né en France, c'est très-vrai; mais j'habite la France depuis très-longtemps, depuis si longtemps, que tous les Français qui n'ont pas vingt ans ont moins de France que moi. J'ai pris part à beaucoup de vos luttes, et je suis ici pour prendre part à beaucoup de vos angoisses. (*Nouveaux applaudissements.*) Je sens que j'ai en moi quelque chose de français, et je vous supplie de me permettre, en parlant des intérêts publics, d'employer le mot *nous;* sans cela, je ne pourrais pas me tirer d'affaire. (*Bravo! bravo!*)

Il paraît, d'ailleurs, qu'on a reconnu que j'avais quelque chose de français, car on a jugé utile de m'éloigner de France il y a quelques mois ; j'ai été obligé de partir ; mais j'ai eu le bonheur de pouvoir être de retour le 4 septembre au matin. (*Très-bien! très-bien!*)

Quoi qu'on fasse en Italie, je préfère être ici, à Paris, dans cette ville républicaine assiégée, que d'être dans mon pays à la suite d'un roi. (*Applaudissements.*) Je préfère être en France où il n'y a plus de Napoléon, que d'être à Rome où il y a la maison de Savoie ; cette maison qui ruse entre la grâce de Dieu et le régime plébiscitaire, comme la maison Bonaparte.

Je vous disais que je suis arrivé ici le 4 septembre au matin ; j'ai été au Corps législatif, et je suis entré à l'Hôtel de ville avec ce grand citoyen qui est Jules Favre. (*Applaudissements.*) J'y suis resté le temps d'y voir fonder la république ; en sortant, je me suis rendu au télégraphe, et j'ai envoyé aux quatre coins du monde une dépêche ainsi conçue :

« Arrivé ce matin, j'ai assisté, dans l'Hôtel de ville, à
» la fondation de la république. Concorde parfaite, nuls
» dégâts ; une ère nouvelle commence. »

J'ai dit à la *fondation*, et non à la *proclamation* de la république, parce que la république est fondée. (*Applaudissements.*)

Elle est fondée, et fondée pour durer. Savez-vous

pourquoi? parce qu'elle n'est pas l'œuvre d'un parti; ce n'est pas nous les républicains qui l'avons faite, c'est la force des choses.

Un citoyen. — C'est vrai ! (*Applaudissements.*)

Le 4 septembre n'est pas une révolution ; le 4 septembre, c'est le fruit qui a mûri et qu'on cueille. (*Nouveaux applaudissements.*) Et c'est pour cela que la république est durable, parce qu'il n'y a pas de vainqueurs; les républicains n'ont pas remporté de victoire. ce jour-là. (*Très-bien! très-bien!*) Aussi ont-ils de grands devoirs à remplir.

J'étais, pour ma part, partisan, et partisan sincère et enthousiaste de la gauche fermée; pourquoi? parce qu'on était faible, parce qu'on était peu nombreux, parce qu'on soutenait un grand principe, et que quand on soutient un grand principe, on doit être inflexible; moins on est nombreux, plus on doit être roide, irréconciliable et inconciliable. (*Applaudissements.*)

Mais quand on n'est plus la minorité, quand ce principe que vous défendiez triomphe, qu'il resplendit, alors on cesse d'être la gauche fermée et on devient la république ouverte... (*nouveaux applaudissements*), république ouverte, grande, généreuse, et c'est ainsi qu'elle durera. (*Bravos prolongés.*)

Vous me direz : Vous êtes donc prophète, que vous dites que la république va durer? vous prétendez donc que la république est au-dessus de toutes les discussions? Non! tout est discutable; on peut discuter toutes les formes politiques comme on discute toutes les religions et toutes les mythologies. (*Très-bien ! très-bien !*) Mais je suis prophète à la manière des astronomes qui calculent. L'astronome ne prédit pas le lendemain, il ne sait pas s'il pleuvra demain, s'il fera beau temps après-demain ; mais il sait toutes les combinaisons des astres, il sait quand les éclipses arriveront dans le ciel, parce qu'il a la science, parce qu'il a l'expérience, parce qu'il a le calcul. Eh bien ! le calcul démontre que la république est désormais la seule forme de gouvernement que la France puisse avoir. (*Applaudissements.*)

Où est le roi qui ait des épaules assez larges pour supporter et vaincre tout ce qu'il faut supporter et tout ce qu'il faut vaincre? (*Bravo ! bravo !*) Il n'y a que tout le monde, il n'y a que tous les citoyens qui puissent être assez forts pour porter la responsabilité d'une pareille situation (*nouveaux applaudissements*), et j'ajoute que tout Français, quel que soit le parti auquel il appartenait, a le droit de combattre à côté de ses concitoyens.

Donc, du moment que la république ne peut pas périr, nous pouvons parler comme si nous étions dans cette république depuis longtemps ; il nous est permis de jeter un regard dans l'avenir, d'expliquer certains principes, d'examiner certaines questions qui seront à résoudre. Vous avez déjà agi de la sorte en discutant dans cette salle la constitution future des communes françaises et la décentralisation. On peut donc également soulever une discussion sur les décorations et sur l'ordre de la Légion d'honneur.

Mon opinion, ma thèse, est que république et décoration sont choses incompatibles.

Il m'est arrivé, il n'y a pas très-longtemps, de débattre certains points d'économie sociale très-importants. Je me suis rendu dans les réunions où ces questions étaient agitées avec le plus de vivacité et de vigueur; j'ai été à la Redoute. Voulant discuter le principe des décorations, j'ai cru que l'endroit le mieux choisi était celui-ci, parce qu'à la première séance où j'y suis venu, j'ai vu qu'il y avait beaucoup de personnes décorées. (*Rires et applaudissements.*)

Je viens de dire qu'il y a incompatibilité entre le principe républicain et le principe décoratif. Beaucoup de bons esprits sont de cet avis, mais on fait une exception, on dit : Il faut faire une réserve pour la Légion d'honneur, elle a des mérites particuliers, elle n'est pas à confondre avec toutes les autres décorations, qui ne valent pas grand'chose, nous en convenons.

D'où vient-elle, cette décoration de la Légion d'honneur? Elle vient d'une époque qu'on a trop glorifiée, du Consulat. C'est le Consulat qui a fondé la Légion d'honneur, c'est-à-dire la maison corse, la maison Bonaparte, la maison des empereurs I, II et III. (*Rires et applaudissements.*)

Il y a beaucoup de choses à rabattre de ce fameux Consulat; presque tout. (*On rit.*) Le concordat d'abord, tout le monde est d'accord sur ce point. La séparation de l'État et de l'Église est un principe à peu près généralement accepté; on ne fait pas de mal aux prêtres en

les séparant de l'État. Le problème se complique, il est
vrai, de questions accessoires, de questions de proprié-
tés, d'édifices publics; c'est un grand obstacle que toute
cette architecture. Cependant il faudra bien résoudre
les difficultés et faire la séparation malgré le Consulat.
Puis, il y a la question de l'armée; il est certain que le
régime qui prend son origine à cette époque est inférieur, qu'il crée une caste militaire qui ne ressemble
en rien aux milices qui défendent les pays libres. (*Applaudissements.*)

Il y a beaucoup de ces choses du Consulat à démolir,
et il y en a quelques-unes qui sont à conserver, ce sont
celles qu'il n'a pas faites. (*On rit.*) Ce sont celles qu'il a
prises à la Convention et au Directoire; par exemple,
le Code civil. Le Code civil, on l'appelle Code Napoléon;
mais ce n'est là qu'une étiquette fausse. Ce n'est
pas Napoléon qui l'a fait, et s'il y a changé quelque
chose, il n'y a introduit que les points les plus criti-
quables, tels que les hypothèques tacites et légales qui
sont un embarras et une infériorité dans la législation
française en comparaison des autres pays européens.
(*Applaudissements.*) Eh bien! du moment qu'on aban-
donne le culte napoléonien, il faut y porter la main avec
courage, et je ne veux pas dire avec violence, je n'en-
tends pas qu'on fasse de démonstrations ni armées,
ni désarmées, ni même de pétitions; mais ce que je demande, c'est que l'opinion publique s'intéresse à cette
question des décorations, qu'on la discute dans les réunions et dans les familles, et qu'on se dise : Est-ce bien

possible qu'étant républicains nous soyons décorés, et décorés de l'ordre bonapartiste !

Quand on aura bien examiné la question, chacun dans sa conscience et avec ses amis, il sera facile de se convaincre que ce système d'un ordre chevaleresque échelonné par chevaliers et par commandeurs n'a rien ni de républicain, ni de conforme à la dignité humaine. (*Applaudissements.*) Regardez les pays libres. Est-ce que les Suisses, ces voisins si dignes d'envie, ont des décorations? Est-ce que l'Amérique est décorée? (*On rit.*) Il y a en Angleterre l'ordre de la Jarretière; mais il date du xiv° siècle, et il ne compte que vingt-cinq chevaliers. En Italie, c'est différent : dans ce pays, le mien, qui s'est institué sous l'incubation bonapartiste, le système des décorations a pris un essor merveilleux. (*Rires et applaudissements.*)

Il a fait plus, il a fait invasion en France, et nous avons vu non-seulement les libéraux, mais un nombre considérable de républicains français couverts de l'ordre des saints Maurice et Lazare, deux petits saints très-peu connus et des moins célèbres dans l'Olympe catholique. (*On rit.*) Et c'est le pays de Voltaire qui a accepté tout cela ! Pourquoi? parce qu'étant donnés l'enchevêtrement et les convenances monarchiques, il faut de toute nécessité que, à l'exception de quelques obstinés et de quelques incorrigibles, toute la masse sociale passe par l'engrenage et soit prise entre les cylindres des décorations. C'est forcé, parce que ce mécanisme de la décoration touche à tous les intérêts; et l'homme qui n'est pas décoré se trouve inférieur aux autres. Y a-t-il foule, fait-on queue, le décoré passe plus facilement que les autres, même en ce moment-ci. (*On rit.*) Un de mes amis, qui est médecin, me disait un jour : « Que voulez-vous ? je ne crois pas à cette décoration qu'on m'a donnée, mais si je ne l'ai pas, ma visite vaut moitié moins. » (*Nouveaux rires.*) En sorte que vous voyez, dans cette église comme dans beaucoup d'autres, des augures qui se rient eux-mêmes de la religion qu'ils professent. Je le répète, un pays libre ne connaît pas et ne doit pas connaître les décorations. Washington n'a pas eu la croix de la Légion d'honneur, ni Guillaume Tell, ni Lincoln, ni Grant, et ce que d'autres peuples font, la France peut le faire et le fera. (*Applaudissements.*)

Il y a un autre motif qui me détourne du système décoratif, c'est qu'il a dans sa constitution quelque chose qui se rattache au communisme. Dans le communisme, qu'est-ce qu'on suppose ? On suppose que tout est commun, et que cependant il y a un chef, — empereur, roi ou communier, on l'appellera comme on voudra, — qui distribue le bien-être, la propriété, le capital, la richesse. A chacun sa ration. Vous savez ce qu'il en est du système de rationnement et combien il procure d'agrément. (*On rit.*)

Je suis moi-même, on m'a fait cet honneur que j'ai accepté, je puis le dire, par dévouement, je suis moi-même membre de la commission des subsistances à l'Hôtel de ville. C'est parce que, comme je le disais au commencement, j'ai en moi une fibre française que j'ai

accepté cette occupation bien difficile. Dans une ville assiégée, on doit s'accommoder de tout ; mais vous expéri-
mentez quelle est la difficulté du rationnement, c'est à y
perdre la tête. Or, le communisme, c'est le rationnement
en permanence. (*Quelques interruptions, qui n'ont d'ailleurs
rien de malveillant, qui proviennent du grand nombre des
auditeurs et de la gêne de quelques-uns, se produisent dans
l'assemblée.*)

Le président. — J'invite l'assemblée au plus religieux
silence ; le citoyen Cernuschi vous prouve par son lan-
gage et par ses sentiments qu'il n'y a personne de plus
français que lui.

Un citoyen. — C'est précisément aux interrupteurs
que l'assemblée s'en prend...

Le président. — Le citoyen Cernuschi a dirigé un canon
de deux cent mille francs contre le plébiscite ; aujour-
d'hui, il est au milieu de Paris assiégé, servant la république. Quand la patrie est malheureuse, il est doux de
la voir aimée par les étrangers. (*Applaudissements.*)

Le citoyen Cernuschi. — Je remercie les interruptions
qui ont pour moi l'avantage d'en provoquer d'autres
comme celle-ci. (*Nouveaux applaudissements.*)

Je disais donc que dans le communisme tout se rationne, et j'ajoute qu'avec le régime des décorations
on rationne l'honneur sous forme de rubans coupés par
morceaux. (*Applaudissements.*) Et c'est là un grand dan-
ger de servitude, j'ose le déclarer, quand tout est com-
biné de telle façon que chacun est condamné à espérer
une décoration dans l'intérêt de sa situation, de son

profit pécuniaire, de sa famille. Il faut l'attendre ; le pouvoir vous la fait attendre longtemps ; pendant qu'on l'attend, on ne peut faire d'opposition, et quand on l'a obtenue on dit : « Comment ! il est décoré, et il fait de l'opposition ! » Il y a là un artifice contre lequel les républicains doivent se mettre en garde. (*Applaudissements.*) Quel est mon espoir ? ce n'est pas qu'on rende des décrets ; mon espoir, c'est qu'il s'établisse des mœurs dignes, des mœurs républicaines. La plus grande récompense, elle est donnée par l'opinion ; mais il y en a encore une plus belle qui est donnée par la conscience. (*Vifs applaudissements.*) Il n'y a pas de popularité, il n'y a pas de couronne civique qui égalent le contentement suprême que l'homme éprouve quand il peut se dire à lui-même : Tu as bien fait. (*Très-bien ! très-bien !*)

En sortant de cette sphère si intime, qui est celle du stoïcisme véritable, je peux invoquer l'autorité toute récente d'un homme que je n'ai pas l'honneur de connaître, à qui je n'ai jamais parlé, le général Trochu. Vous avez lu tous sa belle lettre, où il déclare ouvertement que la meilleure récompense, que la seule pour laquelle on puisse faire le sacrifice de sa vie, c'est l'opinion publique (*applaudissements*) ; il l'a dit, il l'a écrit, il l'a imprimé ; mais on objecte : Pourquoi le général Trochu porte-t-il lui-même des décorations ? C'est là une matière très-délicate ; cependant je ne crois pas sortir des limites permises en ajoutant ceci : On m'a dit qu'on lui avait posé à lui-même cette interrogation, et qu'il y avait répondu : « Je ne tiens pas du tout à mes décorations, mais je ne crois pas devoir les détacher de ma poitrine parce que cela pourrait blesser mon entourage, qui peut-être sous l'exemple croirait lire un reproche. » (*Rires et applaudissements.*)

Mais je ne suis pas seul à prêcher contre les décorations, et il y a beaucoup de gens de mon avis. Tenez : ce matin, je me trouvais au bureau du *Siècle*, où je rendais visite à mon ami le nouveau directeur du journal, qui est un excellent républicain, M. Jourde. Le caissier se présente et nous dit : « Voici ce qu'un officier vient de nous apporter : 100 francs pour la souscription aux canons et une médaille du Mexique. » Eh bien ! cette personne qui s'est dépouillée de sa médaille du Mexique a fait plusieurs choses à la fois : elle a contribué à l'achat des canons, et elle a renoncé d'un coup à deux empereurs, à l'empereur du Mexique et à l'empereur des Français (*on rit*); elle a fait preuve de ce sentiment qu'on peut se croire un bon citoyen sans être décoré. (*L'orateur sort de la poche de son gilet la médaille déposée au* Siècle, *et la montre au public. Applaudissements.*)

Vous applaudissez dans ce moment-ci : eh bien ! qu'est-ce que vous diriez si je prenais un petit papier, et que j'écrivisse dessus : Tel jour, à la Porte-Saint-Martin, il y avait des personnes qui ont battu des mains à ce que je disais; que je prenne ce petit papier, et que je le colle ici pour le porter toujours? (*L'orateur montre sa boutonnière. — Rires et applaudissements.*)

Eh bien ! cette petite opération hypothétique que je viens de simuler, l'homme décoré la fait tous les matins à son miroir. Tous les matins l'homme décoré se met sa décoration et dit : Je vais me présenter à mes concitoyens. (*Nouveaux rires.*)

Je laisse ce terrain où je puis blesser beaucoup de personnes, parce que les gens décorés sont nombreux. Il est certain, du reste, qu'il y a parmi eux des hommes éminemment respectables. Il n'est pas dit, en effet, qu'on ne décore que des personnes indignes ; au contraire, les mauvais gouvernements eux-mêmes décorent de préférence des personnes qui ont du mérite ; ils y sont forcés, parce que, quels que soient les abus qu'ils commettent, s'ils écartaient toutes les personnes de mérite, il serait absolument impossible de porter leurs décorations. Je ne me plains pas d'ailleurs des abus, je les remercie au contraire, parce que je trouve que les abus si énormes auxquels on s'est laissé aller dans les distributions de croix, aideront à la disparition de l'institution elle-même.

Je conclus, et je vous demande pardon d'avoir trop parlé. Ma thèse est celle-ci : La république est fondée, personne ne peut la détruire. (*Bravo ! bravo !*) Avec la république, pas de décorations ; mais nous sommes des gens raisonnables, nous voulons vaincre par la persuasion, nous voulons que les décorés fassent ce qu'a fait l'officier à la médaille du Mexique de ce matin, qu'ils renoncent peu à peu à porter leurs décorations, qu'ils se dédécorent eux-mêmes ! Et ce jour-là les hommes de France auront remporté une victoire de dignité et d'honneur qui sera durable, qui sera un grand exemple, victoire d'honneur et de dignité qui, comme le 4 septembre, n'aura pas coûté une seule goutte de sang. (*Longs applaudissements.*)

UN GRAND NOMBRE DE CITOYENS. — L'impression du discours !

LE CITOYEN CERNUSCHI, *qni paraît ignorer la présence d'un sténographe.* — C'est tout à fait impossible. Comment voulez-vous faire?... Ne me décorez pas...

LE CITOYEN PRÉSIDENT. — Le citoyen Cernuschi dit : Ne me décorez pas. Il ne s'agit pas de le décorer, mais de répandre un discours auquel il peut être utile de donner une grande publicité.

L'assemblée décide que le discours sera imprimé et publié. (*Applaudissements.*)

Paris. — Imprimerie de E. MARTINET, rue Mignon, 2. — [106]

146